AF263492

ÉLOGE

DE S. M. LOUIS XVI.

De L'Imprimerie de J.-M. Foirestier.

ÉLOGE

DE S. M. LOUIS XVI,

ROI DE FRANCE ET DE NAVARRE,

Dédié à Madame {illisible} Princesse De Poix,

Par R. A. ODIOT, Étudiant en droit.

Tous ceux qui ont suscité des divisions dans les Empires, se sont couverts du manteau de la popularité ; ils ont paru s'attacher au bien public, mais chacun n'a travaillé qu'à acquérir du crédit, du pouvoir, des richesses.

SALLUSTE.

A PARIS,

Chez PETIT, Libraire au Palais-Royal, Galerie de bois.

---

21 JANVIER 1816.

ÉLOGE

DE SA MAJESTÉ LOUIS XVI,

ROI DE FRANCE ET DE NAVARRE.

La religion, la justice, sont les bases des empires. L'oubli de ces principes constitutifs et conservateurs des gouvernemens, produit toujours ces secousses violentes, ces détonations politiques, qui ébranlent les fondemens des Etats. La religion est le plus beau présent qu'ait fait aux hommes celui de qui relèvent les empires, et qui élève ou abaisse à son gré ceux qui les gouvernent. En effet, elle trace à chacun les devoirs que lui imposent la condition où il est né, et le rang qu'il occupe dans le corps social. Les passions nous divisent, les préjugés nous égarent, le malheur nous isole ; la religion nous rapproche, nous éclaire et nous console. Dans le sanctuaire de la justice, les rangs disparaissent, les distinctions s'évanouissent , les passions se taisent , et le châtiment du vice fait le triomphe de l'innocence. Les arrêts émanés de ces tribunaux augustes , assurent l'inviolabilité des propriétés , déjouent les trames ourdies par la malveillance et la mauvaise foi , démasquent le crime , et font jouir les citoyens des précieuses prérogatives d'une liberté qui se transforme en esclavage , lorsqu'elle outre-passe les bornes prescrites par la raison.

Appelé par sa naissance à monter sur l'un des premiers trônes de l'Europe , un Souverain ne respirait que pour le bonheur de ses sujets. Peu jaloux d'étendre les limites des états de ses pères , il ne s'occupait que d'en alléger les misères. Le commerce couvrait les mers de ses navires , les arts florissaient à l'ombre d'un pouvoir tutélaire ; chaque français adorait un père , et ce père était son Roi !

Mais bientôt l'horizon politique s'obscurcit , les nuages s'amoncèlent , et l'orage le plus affreux se forme sur nos têtes. Des esprits inquiets , remuans , envieux , sèment les divisions ; leur cœur brûle des feux de l'ambition ; ils vantent l'égalité , leur bouche nous promet l'indépendance, et leurs mains nous préparent des chaînes. Ils parlent d'honneur, et sont couverts d'infamie ; ils veulent sauver la patrie, et lui creusent un tombeau ; ils prétendent nous éclairer du flambeau de la vérité, et répandent sur nos yeux les ténèbres du mensonge ; ils prêchent l'égalité des biens, et s'engraissent des dépouilles de leurs victimes ; ils annoncent le siècle de la civilisation, et la discorde, le pillage et les assassinats sont à l'ordre du jour. Le Prince est accusé : de quel crime ? d'écouter plutôt sa bonté et son cœur paternel, que de réprimer avec le glaive des lois les efforts des factieux. Dès lors, plus de respect pour la majesté ! la bienfaisance est payée de la plus noire ingratitude ; celui qui, jadis, dictait des lois, est contraint de réclamer leur appui. Ses efforts sont superflus, les suffrages sont achetés au poids de l'or, le crime supposé est jugé comme réel, le sang de l'innocent est versé, on se croit libre, on devient esclave.

Tel est le tableau que présente à nos regards le règne de Louis XVI, Roi de France et de Navarre. Il fut grand par son amour pour ses sujets ; il se montra plus grand encore par le courege qu'il manifesta dans la funeste catastrophe qui priva la France du meilleur des Rois !

Première Partie.

LES devoirs qu'impose la souveraineté, sont aussi rigoureux qu'étendus. La vérité fuit les palais ; l'adulation, l'intrigue, l'ambition, l'empêchent de parvenir aux pieds du trône. Ce tableau se représenta avec tant de force à l'imagination de Louis XVI, qu'il versa des larmes lorsque son front fut ceint du bandeau royal. Son règne s'annonça sous les auspices les plus favorables. Investi du souverain pouvoir, en l'an 1774, il renonce au droit de joyeux avènement, affranchit les serfs des terres domaniales, supprime les corvées, abolit la question préparatoire. Que de plaies n'avait-il pas à cicatriser ! L'épuisement du fisc national, un luxe scandaleux, l'oubli des maximes de la morale, semblaient présager des tempêtes politiques! Pour les dissiper, Louis inspirait par son exemple le respect pour la religion, appelait tous les cœurs par cet air de bonté, caractère dis-tinctif de sa physionomie, et ne se servait du pouvoir que pour sécher, par ses bienfaits, les pleurs de l'orphelin, et dérober des victi-mes au malheur; tant il était convaincu que la Providence ne l'avait élevé si haut, que pour voir de plus loin les infortunés. Le commerce, source de richesses sans cesse renaissantes pour les nations qui le protègent, commençait à rouvrir ses canaux, la justice faisait régner l'union dans le sein des familles, et tout concourait à accélérer le progrès des lumières. Un souverain doit aimer son peuple, et lui faire bénir son autorité. Tout gouverne-ment ne peut se maintenir, qu'en ménageant les intérêts de la multitude : il doit donc savoir la protéger et la contenir. En élevant aux honneurs les citoyens connus par leurs vertus et leurs talens, il garantit les sujets de l'oppression qui appelle la résistance, et rend inévitable la chute des princes assez faibles pour abandonner une partie de leur autorité, et en revêtir des ministres corrompus qui en abusent indignement. Qui pourrait accuser Louis XVI de s'être écarté de ces principes ? Ne pouvant être seul l'instrument de la félicité publique , il s'environna de ministres sur lesquels semblait reposer l'estime générale. Cependant parmi ceux que la royale volonté avait appelés à ces postes éminens , il se trouva des esprits amateurs de nouveautés , qui , par les plans qu'ils conçurent et mirent à exécution , préparèrent , sans s'en douter peut-être , les germes de la révolution. Telle était la situation de la France , lorsque de prétendus esprits forts , aveugles volontaires , factieux soudoyés , auxquels il importait sans doute , pour plus d'une raison , qu'il n'existât point de Providence , versent à grands flots le ridicule sur les ministres des autels , les dépouillent de la juste vénération qu'on leur accordait , et , semblables au serpent , distillent leur noir venin sur la religion , le seul lien qui puisse unir d'une manière indissoluble les peuples et les Rois ! Cette épidémie étend ses ravages sur toutes les classes de la société. Dégagé de la crainte salutaire des jugemens divins , le peuple ne connaît plus de frein, les passions se déchaînent et se choquent. Séduit par l'attrait de la nouveauté, il donne dans les pièges qui lui sont tendus ; l'artisan, les classes les plus infimes du corps social se croyent dignes d'occuper les premiers postes de l'état, s'imaginant que les places qu'ils se flattaient d'obtenir, leur donneraient les talens qui y conduisent.

De même que le corps humain ne pourrait subsister, si l'on en extrayait toutes les humeurs malignes, de même les états marchent à grands pas vers leur décadence, lorsqu'on veut en chasser tous les abus. On n'oubliera jamais les maux que l'ambition et la scélératesse ont causés au genre humain : si c'est ainsi que l'on réforme et que l'on règle les états, bienheureux sont les états qu'on laisse dans la corruption et le désordre ! Telles sont les réponses qu'on eût pu adresser à cette armée de folliculaires, qui, soudoyée par le parti rebelle, élevait jusqu'aux nues les heureux effets de l'indépendance républicaine.

» Plus de titres, de prérogatives, de distinc-
» tions, de ces hochets que créa la vanité !

» que l'égalité règne parmi nous, que le mé-
» rite soit le seul moyen de parvenir, que
» l'esprit d'intrigue soit banni. Nos propriétés
» seront protégées, nos fortunes ne seront
» plus enlevées par des subsides odieux, les
» impôts seront consentis par les mandataires
» de la nation; vive la liberté! » Tels étaient
les discours incendiaires par lesquels les factieux dénaturaient l'esprit public, et atta-
quaient ouvertement la monarchie. Plus de
noblesse, plus de corps qui défende les droits
du peuple, plus de religion, plus de mœurs.
La révolution nous en offre la preuve mathé-
matique. L'amour des richesses étant le prin-
cipal et le plus puissant mobile des actions
humaines, lorsqu'une révolution se prépare,
l'honnête homme craint de perdre sa for-
tune, l'homme sans honneur cherche à faire
la sienne; l'un se retire, l'autre se vend, et
l'état est perdu!

La convocation des Etats-Généraux, assem-
blés par Louis XVI pour éteindre le germe des
divisions, cimenter la concorde, comprimer
toutes les ambitions, rendre les marches du
trône inaccessibles aux factieux, ne réalisa

pas l'espoir qu'elle avait fait naître ; l'intérêt particulier l'emporta sur le bien général qui devait réunir tous les ordres de l'état. Telle fut l'origine des malheurs de Louis XVI et des nôtres !

La modestie qui caractérisait le souverain, se manifesta dans cette circonstance d'une manière plus ostensible encore. Loin de s'en rapporter à ses ministres, de n'écouter que ses propres avis, il appelle les notables de son royaume pour s'environner de leurs lumières : il cherchait des appuis, et ne trouve que des obstacles. En effet, cette assemblée réunie dans le dessein de faire succéder le calme à l'agitation, renfermait dans son sein des séditieux. Ils sèment la division parmi les membres, pervertissent les intentions qui les animaient, et allument le flambeau de la discorde. Préparant dans l'ombre leurs machinations, ces ennemis du bonheur général lancent contre le monarque les traits envenimés de la calomnie. Louis n'en est point alarmé, il interroge sa conscience, elle lui répond de la pureté de ses intentions. Loin de livrer au glaive des lois les auteurs de ce attentats inouis, il leur accorde un pardon généreux. Loin de bénir les effets de la clémence royale, les factieux s'agitent, se remuent, et propagent leur doctrine empoisonnée avec d'autant plus d'audace qu'ils s'appuyent sur l'impunité. Les orgies révolutionnaires commencent, et se développent dans une progression effrayante. C'est à cette époque que se montrent dans tout leur jour l'innocence, la vertu et les malheurs du monarque.

Deuxième Partie.

La trop grande bonté ou l'incurie dans les souverains, sont le plus souvent la cause de ces éruptions politiques qui changent la face des gouvernemens. Les infortunes de Louis XVI prennent leur source dans ce premier principe allégué. En effet, la nature qui semblait avoir pris plaisir à lui prodiguer toutes les qualités qui caractérisent une belle ame, lui avait refusé cette volonté invariable, cette fermeté inébranlable, si nécessaires à celui qui tient les rênes d'un état. Un seul acte du pouvoir eût étouffé le germe de la sédition : la sécurité de l'empire altérée, sollicitait le prompt châtiment des coupables ; mais abhorrant le sang, Louis ne connaissait d'autres armes que celles de la clémence. La fluctuation dans ses idées peut-elle être considérée comme l'expression de la pusillanimité ? on déplore ses malheurs, on admire son courage, on frémit d'horreur au nom de ses bourreaux.

A cette époque si désastreuse, les agens du parti rebelle ayant acheté au poids de l'or les suffrages de quelques membres des Etats-Généraux, y firent prendre, le 17 juin 1789, une délibération par laquelle les Etats se constituèrent en Assemblée Nationale. Par cet acte hardi, injuste, illégal, les notables du royaume, réunis pour créer une constitution qui asseyant la monarchie sur des bases immuables, et sauvant les droits du peuple, deviendrait le lien auquel se rattacheraient toutes les espérances de la nation, commirent un abus de pouvoir d'autant plus dangereux, qu'ils ouvrirent un vaste champ à l'insubordination. Ce décret qui statuait qu'aucunes contributions ne pourraient être établies ni perçues sans le consentement libre et formel des mandataires de la nation, fut accueilli avec enthousiasme par le peuple qui ne s'apercevant jamais des pièges qu'on lui tend, ne vit pas qu'au lieu d'un maître il s'en donnait cent.

Cependant des orateurs mercenaires, des agens de la tourbe populaire, insinuant au peuple que le séjour du Roi à Paris ramènerait l'abondance dans cette capitale, une multitude effroyable, exercée au meurtre et au pillage, dont la soif sanguinaire n'avait pu s'étancher par le massacre des prisonniers de la bastille, se rassemble sur la place destinée aux exécutions publiques. Les vociférations les plus outrageantes pour la Majesté, des cris blasphémateurs sortent de la bouche impure de cette horde de cannibales. A Versailles! à Versailles! s'écrie-t-elle. Peindrais-je la marche de cette troupe forcenée qui se dirige vers la demeure royale, pour arracher Louis XVI du palais de ses pères? représenterais-je ces bacchantes échevelées, ces sicaires dont les traits exprimaient la férocité, pénétrant dans l'antique demeure de nos rois, trempant leurs mains criminelles dans le sang de ces fidèles serviteurs qui sont égorgés aux pieds de leur maître? Mon pinceau se refuse à tracer des tableaux qui font frémir l'humanité! Sourd aux prières de sa noblesse qui jure de lui faire un rempart de son corps, ou de mourir à ses côtés, le Roi craignant l'effusion du sang, cède aux vœux des rebelles. Le signal du départ est donné: quel spectacle affreux présente à nos regards ce cortège! on dirait que ce n'est plus ce même Roi qu'environnaient le respect et l'amour de ses sujets; une foule d'assassins forme sa garde, un silence plus effrayant que les cris et les larmes règne sur son passage. Au milieu de cette horde mercenaire, le monarque montre un front serein, ses yeux servent de miroir à son ame, plus grande dans le malheur que dans la prospérité. Arrivé dans la capitale, il promet d'y fixer sa demeure; les imaginations se calment, la raison recouvre son empire, l'effervescence s'évanouit, et Louis s'applaudissait d'avoir rétabli la sé-curité

Mais cette tranquillité ne fut qu'éphémère : des pamphlets contre les ministres de la religion, des écrits séditieux, des satires amères, des chansons d'une licence cynique, deviennent les élémens d'une tempête plus effroyable. Des personnes attachées par devoir et reconnaissance au meilleur des Rois, le conjurent de se dérober par la fuite au glaive des assassins; il cède à leurs prières. Le 21 juin, il abandonne une terre où l'on persécutait la vertu, où le crime triomphait, où la religion, la morale, la justice, les lois inviolables de l'honneur, étaient considérés comme des crimes de lèse-nation. La nouvelle de son départ circule dans Paris; les rayons consolateurs de l'espérance pénètrent au fond du cœur des français dignes d'en porter le nom, le bonheur se peint sur leur physionomie. Le désespoir, la rage, la consternation s'emparent tour à tour du visage des factieux. Semblables aux tigres altérés de sang, qui font retentir de leurs rugissemens les plaines brûlantes de l'Afrique, en voyant s'échapper la proie qu'ils allaient dévorer, tels les rebelles exhalent leurs fureurs par des vociférations et des blasphêmes. » Quoi !

» s'écrient-ils, le tyran se dérobe au glaive
» suspendu sur sa tête. Ligué avec d'autres
» despotes, bientôt des troupes d'esclaves
» envahiront nos contrées, saperont les fon-
» demens de cette liberté si précieuse que
» nous n'avons acquise que par des efforts in-
» calculables. Le tyran Capet, remonté sur
» le trône, chargera nos mains des chaînes
» du despotisme, et courbera nos fronts sous
» le joug de la servitude ! » A ces discours
incendiaires, la malveillance se réveille, les
têtes fermentent, les esprits s'exaspèrent, et
des troupes volent à la poursuite de l'illustre
fugitif. A peine entrait-il dans Varennes, que
sa voiture se trouve investie. Bientôt il rentre
dans Paris environné d'une escorte familia-
risée avec le crime ; la populace soudoyée
fait entendre le cri du désordre et de la ré-
volte : » Plus de Bourbons, plus de Roi, vive
« la liberté ! » Le monarque se rend à la
convention. Déchirés par les remords de leur
conscience, ses bourreaux frémissent en
voyant sa contenance noble et assurée. On lit
au descendant d'Henri IV le décret qui le
déclare déchu du souverain pouvoir, et mis

en arrestation jusqu'à ce que sa conduite ait
été jugée. L'héritier de St.-Louis, renfermé
comme un vil criminel, supporte avec rési-
gnation les vicissitudes qui l'accablent. La
vertu ne pâlit jamais dans l'adversité.

Enfin l'auguste victime qui dictait jadis
des lois, implore leur appui; elle demande
des conseils. Un vénérable magistrat, dont les
lumières et la probité étaient connues de
toute la France; un jeune avocat, dont l'ame
est aussi noble, aussi sensible que ses talens
sont distingués, se présentent et défendent
avec une éloquence énergique et persuasive
la cause du juste opprimé. Leur plaidoyer
terminé, Louis s'adressant aux membres de
la Convention, leur dit : » Je vous déclare
» que ma conscience ne me reproche rien,
» et que mes défenseurs ne vous ont fait en-
» tendre que le langage de la vérité ». Ces
paroles, prononcées avec l'accent de la bonté,
réveillent dans le cœur d'un grand nombre
de députés les sentimens de la nature : on
parle de différer le jugement; mais craignant
que leur victime ne parvînt à se soustraire à
leur glaive, les tigres, altérés de son sang,

demandent à grands cris qu'on le verse. On recueille les votes : les uns opinent pour l'exil, d'autres pour la réclusion, dans l'espoir de dérober le Prince au fer de ses assassins. Leurs efforts sont infructueux ; au mépris des lois de l'équité, la peine de mort est prononcée. On demande l'appel au peuple ; les hommes de sang refusent à l'innocence ce que l'on accorde même au crime !

Le 21 janvier 1793 (*époque qui réveille des souvenirs si douloureux*), après avoir goûté un sommeil d'autant plus tranquille qu'il n'était pas troublé par le remords, le Roi, accompagné d'un ministre de la religion, se rend au lieu de l'exécution. Sa voiture s'avance à travers une foule immense, sur les fronts de laquelle la consternation était empreinte. Parvenu au lieu du supplice, le monarque en voit l'appareil sans frémir, monte sur l'échafaud, et prononce ces mots : » Fran- » çais, je meurs innocent, je pardonne à » mes ennemis, je désire que ma mort..... » Tous les yeux se remplissent de larmes, un violent murmure s'élevait, déjà........., quand un homme de sang ordonne aux tambours

de battre aux champs ; la voix du Souverain
est étouffée, il s'abandonne à ses bourreaux,
son sang coule, il n'est plus !

~~~~~~

Celui qui tient dans ses mains les destinées
des peuples et des Rois, donne souvent aux
uns et aux autres des exemples éclatans de sa
justice. Toujours prêt à pardonner, lorsqu'on
l'implore avec les larmes du repentir, il
lance ses foudres sur la tête de l'impie qui
l'outrage. Chez un peuple où l'observation des
devoirs, le respect pour la religion, la vénération et l'amour pour la personne de ses
Rois, semblaient héréditaires, il se commet
un attentat dont l'histoire des nations ne nous
retrace que peu d'exemples. Les droits du
trône sont méconnus et violés, les lois sont
abolies, le droit de la force est le seul qu'on
connaisse, l'innocence succombe, la perversité
triomphe, et une horde d'assassins fait un
martyr du plus juste des Rois ! Ce crime inoui
appelait un châtiment, le sang du juste criait
vengeance ! les décrets immuables de la Pro-
~~~~~~

vidence s'accomplissent. Après avoir été livré aux fureurs de l'anarchie, s'être vu tour à tour le jouet et la victime des factions, le peuple ingrat et rebelle devient l'objet des vengeances célestes. Ces hommes qui avaient tout sacrifié, pour jouir des prérogatives d'une liberté qui n'était que l'effet de leur délire, sont courbés sous le joug de la servitude ! Le fléau de la guerre enlève et dévore leurs enfans, les sources du commerce se tarissent, des concussions inouies ravissent aux citoyens le fruit de leurs labeurs, et tout présage la ruine de l'Empire, quand la bonté divine jetant sur nous un regard favorable, renverse de son souffle puissant l'édifice monstrueux du despotisme. Le frère du Roi martyr rentre dans Paris sur le char de la paix ; la clémence le précède, la justice l'accompagne, la sagesse le conseille. A son aspect, les rayons de l'espérance plongent les malheurs passés dans la nuit de l'oubli, et chaque français lit sa félicité dans l'avenir.

FIN.

9 782013 372602